의학 계열 / 공통 계열 법의학자
군인

적성과 진로를 짚어 주는
직업 교과서 39

법의학자&군인

1판 1쇄 발행 | 2013. 8. 23.
1판 6쇄 발행 | 2018. 10. 19.

와이즈멘토 글 | 김준연 그림

발행처 김영사 | **발행인** 고세규
등록번호 제 406-2003-036호 | **등록일자** 1979. 5. 17.
주소 경기도 파주시 문발로 197(우10881)
전화 마케팅부 031-955-3100 | **편집부** 031-955-3113~20 | **팩스** 031-955-3111

ⓒ 2013, 와이즈멘토

값은 표지에 있습니다.
ISBN 978-89-349-6010-2 74080
ISBN 978-89-349-5971-7 (세트)

좋은 독자가 좋은 책을 만듭니다. 김영사는 독자 여러분의 의견에 항상 귀 기울이고 있습니다.
독자의견전화 031-955-3139 | 전자우편 book@gimmyoung.com
홈페이지 www.gimmyoungjr.com | 어린이들의 책놀이터 cafe.naver.com/gimmyoungjr

---

어린이제품 안전특별법에 의한 표시사항
제품명 도서 제조년월일 2018년 10월 19일 제조사명 김영사 주소 10881 경기도 파주시 문발로 197
전화번호 031-955-3100 제조국명 대한민국 ⚠주의 책 모서리에 찍히거나 책장에 베이지 않게 조심하세요.

적성과 진로를 짚어 주는
직업 교과서 39

의학 계열
공통 계열

법의학자

군인

와이즈멘토 글 | 김준연 그림

주니어김영사

Contents

- 머리말_진로성숙도를 높여라!…10
- 진로 교육의 목표 & 이 책의 구성과 활용법…12

법의학자

Step 1 법의학자 이야기…18

Step 2 역사 속 직업 이야기…20

Step 3 법의학자는 어떤 사람일까?…22
★돌발퀴즈…23

Step 4 법의학자는 무슨 일을 할까?…24
★돌발퀴즈…27
★첨단 기기가 없던 과거에는 어떻게 수사했을까요?…28
★시신의 가족을 찾아 주는 집단사망자관리단…29

직업 일기_법의학자의 하루…30

Step 5 법의학자의 좋은 점vs힘든 점…32
★돌발퀴즈…33

Step 6 법의학자는 어떤 능력이 필요할까?…34
★돌발퀴즈…35

Step 7 법의학자가 되기 위한 과정은?…36
★돌발퀴즈…37

직업 사전, 적합도 평가…38

Step 8 교사와 학부모를 위한 가이드
적성&진로 지도…40
직업 체험 활동…42

군인

| Step 1 | 군인 이야기…46 |
| Step 2 | 역사 속 직업 이야기…48 |
| Step 3 | 군인은 어떤 사람일까?…50
★돌발퀴즈…51 |
| Step 4 | 군인은 무슨 일을 할까?…52
★돌발퀴즈…55
★국군의 종류…56
★군대 훈련 종류…57

직업 일기_군인의 하루…58 |
| Step 5 | 군인의 좋은 점 vs 힘든 점…60
★돌발퀴즈…61 |
| Step 6 | 군인은 어떤 능력이 필요할까?…62
★돌발퀴즈…63 |
| Step 7 | 군인이 되기 위한 과정은?…64
★돌발퀴즈…65

직업 사전, 적합도 평가…66 |
| Step 8 | 교사와 학부모를 위한 가이드
적성&진로 지도…68
직업 체험 활동…70

·돌발퀴즈 정답…72 |

머리말

진로성숙도를 높여라!

진로 교육에서 가장 중요한 개념 중 하나가 '진로성숙도'입니다. 자신의 적성을 찾고, 그 적성이 잘 드러나는 직업 분야에 도달하는 과정을 설계하기 위해 필요한 요소들을 잘 알고 있는 정도를 '진로성숙도'라고 합니다.

예를 들어 볼까요?

초등학생인 A학생에게 꿈을 물어봤더니 '과학자'라고 답을 합니다. 중학생이 된 A학생에게 다시 꿈을 물었더니 이번에도 '과학자'라고 합니다. 고등학교로 진학한 A학생에게 꿈이 뭐냐고 물으니 여전히 '과학자'라고 답을 합니다. 이런 A학생은 일관된 꿈을 가지고 있다고 말은 하지만 사실은 진로성숙도가 높아지지 않는 상태입니다.

그렇다면 어떤 것이 진로성숙도가 높은 것일까요?

B학생에게 물어봤습니다. 초등학교 때 '과학자'라고 답을 합니다. 중학교 때는 '과학자가 되고 싶은데 핵물리학자'가 꿈이라고 이야기를 합니다. 고등학교 때는 '핵물리학자가 되어서 미국 NASA와 같은 곳에서 연구를 하고 싶다'라고 말을 합니다. 이렇게 점점 시간이 지날수록 꿈을 구체화하는 능력이 바로 진로성숙도입니다.

    많은 대학생이 명문 대학을 다니면서도 뭘 해야 될지 모르겠다고 합니다. 이렇게 방황하는 이유는 대부분의 학생들이 학습 능력은 키워 왔지만 진로성숙도는 키워 오지 않았기 때문입니다. 학부모나 교사들이 공부만을 강조했던 것이 아이의 행복에 오히려 독이 된 셈이지요.

    진로성숙도를 높이려면 다양한 직업에 대해서 알아보고, 각 직업에 대하여 나이에 맞게 조금 더 깊이 탐색해 보는 활동이 필요합니다. 그 활동을 가장 적합하게 도와주는 것이 바로 〈적성과 진로를 짚어 주는 직업 교과서〉 시리즈입니다. 이 시리즈가 우리 아이들이 보다 넓고 깊은 지식을 얻어 행복을 설계하는 능력을 갖추는 데 도움이 되기를 바랍니다.

와이즈멘토 대표이사
조진표

진로 교육의 목표 & 이 책의 구성과 활용법

교육 과정에서 진로 교육의 목표는 '긍정적인 자아 개념을 형성하고 진로 탐색과 계획 및 준비를 위한 기초 소양을 기르는 단계'입니다. 즉, 현명한 진로 선택을 위해 자신감을 가지고 다양한 직업을 알아보며 꿈을 키워 가는 시기라는 말이지요. 무한한 가능성이 있는 시기이므로 많은 직업을 탐색하면서 좀 더 구체적으로 '나의 꿈, 나의 목표 직업'이 무엇인지 생각해 보는 것이 중요합니다.

교육부에서는 관심 있는 직업을 열 가지 이상 고르고 다양한 방법으로 정보를 수집해서 하는 일, 되는 방법 등 구체적인 정보가 담긴 직업 사전을 만들어 볼 것을 권장하고 있습니다.

더불어 꿈을 실현하기 위해 도움이 되는 과목이 무엇인지 알아보고, 체계적인 학습 계획을 세우고 공부 습관을 길러 나가는 것도 중요합니다.

초등~중학교에서 성취해야 할 진로 교육의 목표는 다음과 같습니다.

(교육부)

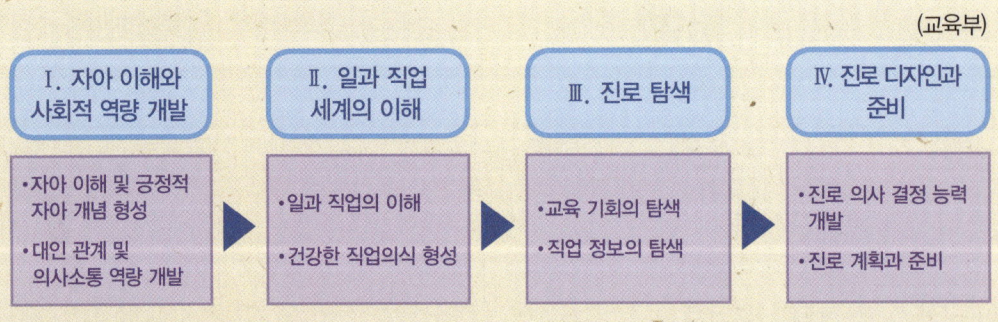

〈적성과 진로를 짚어 주는 직업 교과서〉는 진로 교육 목표에 맞춰, 초등학교와 중학교 과정에서 알아야 할 직업 정보를 직업 소개와 활동을 통해 자기 주도적으로 탐색할 수 있도록 구성했습니다.

❶ 진로 정보 탐색을 위한 본문 구성

Step 1·2 이야기	직업에 대한 호기심을 가질 수 있도록 한다.
Step 3 어떤 사람일까?	직업의 정의에 대해 알 수 있다.
Step 4 무슨 일을 할까?	직업이 갖는 다양한 역할에 대해 알 수 있다.
Step 5 좋은 점 vs 힘든 점	직업의 좋은 점과 힘든 점에 대해 알 수 있다.
Step 6 어떤 능력이 필요할까?	직업을 갖기 위해 필요한 능력들에 대해 알 수 있다.
Step 7 되기 위한 과정은?	중·고등학교, 대학교 과정 등 최종 목표 직업에 도달하기 위한 경로를 알 수 있다.

❷ 진로 디자인과 준비를 위한 본문 구성

Step 7 직업 사전	도서를 통해 탐색한 진로 정보를 바탕으로, 직업 사전을 구성할 수 있다.
Step 7 적합도 평가	직업에 대한 이해를 바탕으로 나에게 적합한 직업인지를 평가해서, 의사 결정을 내릴 수 있다.

❸ 학부모와 교사를 위한 본문 구성

Step 8 교사와 학부모를 위한 가이드 적성&진로 지도	해당 직업을 갖기 위해 도움이 되는 관련 교과목, 교과 외 활동을 소개하여 학습과 활동 설계에 도움을 받을 수 있다.
Step 8 직업 체험 활동	직업 체험 활동에 대한 정보를 얻을 수 있다.

〈적성과 진로를 짚어 주는 직업 교과서〉에는 다양한 활동이 들어 있습니다. 다음과 같이 활용해 보세요.

★직업 사전

이 직업이 나와 잘 맞는지 판단하기 위해서는 먼저 직업에 대해 충분히 이해하는 것이 중요합니다. 열심히 책을 읽고 난 후, 직업 사전의 빈칸을 채워 보면서, 자신이 직업에 대해 잘 이해했는지 점검해 보세요.

★직업 적합도 평가

직업에 대해 이해했다면 그 직업이 자신과 잘 맞는지 아닌지를 판단해야 합니다. 나와 직업이 얼마나 잘 맞는지 점검해 볼 수 있는 적합도 평가가 있습니다. 직업 사전의 항목을 꼼꼼하게 읽어 본 뒤에 자신과 잘 맞는지 아닌지 정도에 따라 별을 색칠해 보세요. 별의 개수로 점수를 매기고, 평가 기준표를 통해 자신과 직업의 적합도를 확인해 보세요.

★Tip

Tip은 본문의 내용을 잘 이해할 수 있도록 도와주는 역할을 합니다. 이해하기 어려운 단어를 쉽게 설명해 주기도 하고, 직업을 이해하는 데 같이 알아 두면 좋은 정보들이 들어 있습니다. Tip의 내용은 공부할 때 도움이 되는 배경지식이므로 그냥 넘어가지 말고, 꼼꼼하게 읽어 보세요.

★돌발퀴즈

책을 그냥 쭉 읽고, 나중에 직업 사전의 빈칸을 채우려면 어렵겠죠? 그래서 본문 중간중간에 중요한 내용들을 확인해 주는 돌발퀴즈가 있습니다. 처음에는 문제만 보고 답을 한번 맞혀 보세요. 잘 모르겠으면 다시 본문으로 돌아가 내용을 차근차근 읽어 보세요. 돌발퀴즈의 정답은 책의 맨 뒷장에 있습니다.

★교사와 학부모를 위한 적성 & 진로 가이드

　교사와 학부모가 진로 지도를 할 때, 꼭 알아 두어야 하는 내용입니다. 아이들이 직업에 관심을 보일 때 어떻게 직업을 이해하도록 해야 하는지, 직업에 대해 아이들이 제대로 이해하고, 준비하기 위해서는 어떤 활동을 해야 하는지가 상세히 설명되어 있습니다.

　더불어 학습 설계의 중점 과목을 통해 앞으로 어떤 과목을 중점적으로 공부해야 할지 확인하고, 학교에서 어떤 활동을 하도록 지도하면 좋은지 확인해 보세요. 아이와 함께하는 직업 체험 활동에서는 주말이나 방학을 이용해 할 수 있는 직업 체험 활동들을 자세히 소개하고 있습니다. 꼭 활용해 보세요.

　자, 지금까지 진로 교육의 목표를 확인하고 책이 어떻게 구성되어 있고 어떻게 활용하는지 살펴보면서 직업 탐색을 위한 준비를 마쳤습니다. 그럼 본격적으로 직업 탐색을 위한 여행을 떠나 볼까요?

 의학 계열

법의학자

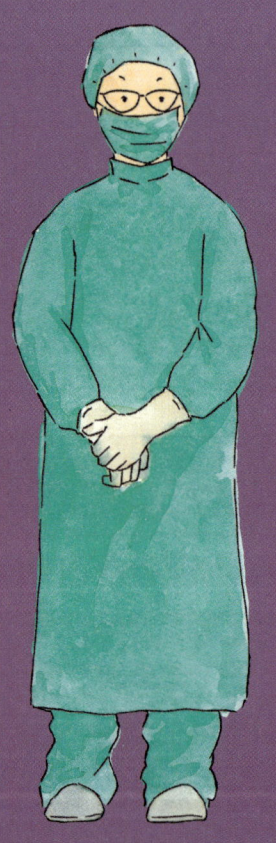

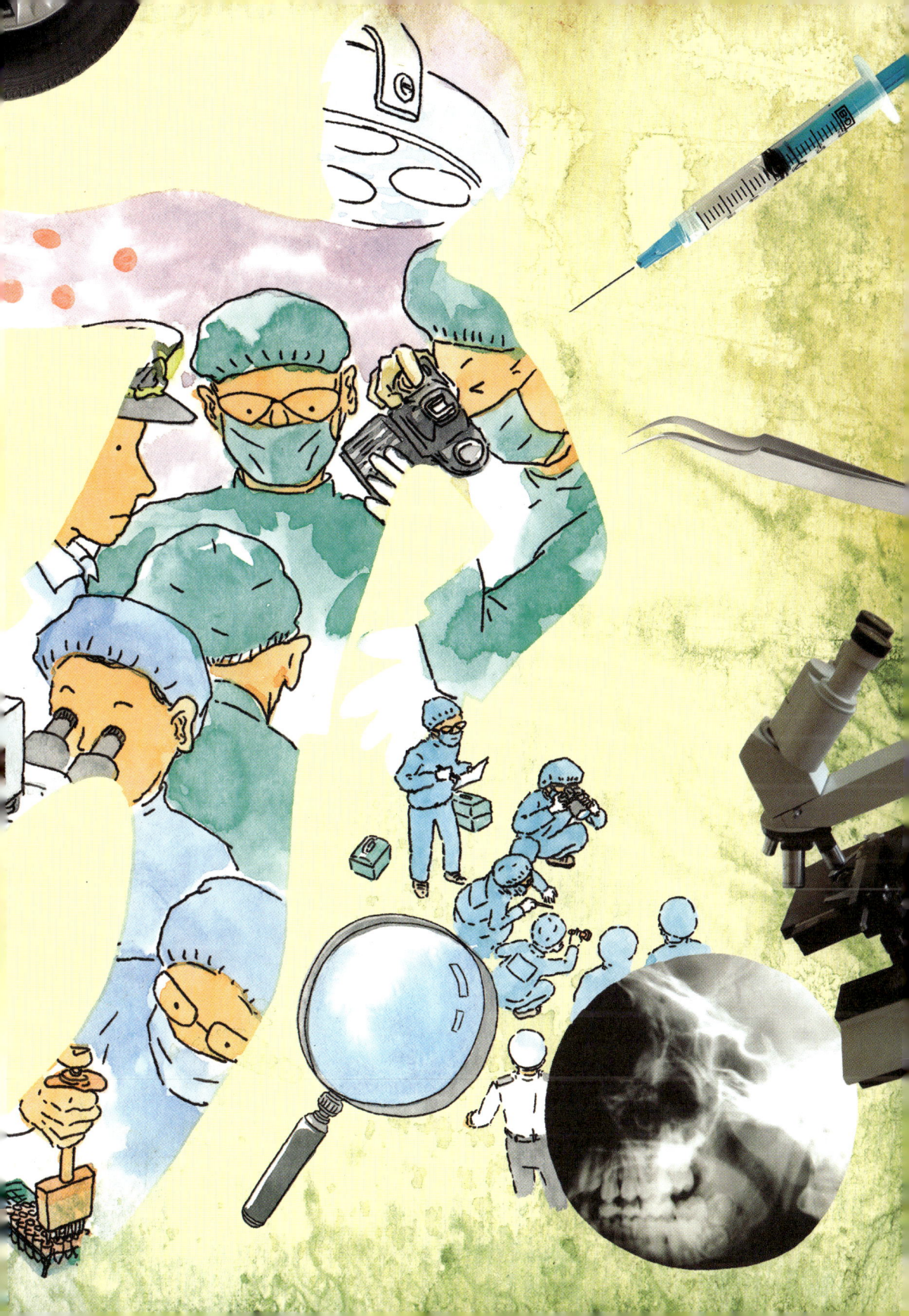

Step 1

법의학자 이야기

사람이 사람답게 살기 위해 필요한 조건 중에 가장 중요한 것이 건강입니다. 이러한 건강을 지켜 주는 일을 하는 사람이 바로 의사이지요. 그런데 살아 있는 사람이 아니라 죽은 사람이 억울하지 않게 삶을 마감할 수 있게 도와주는 의사도 있다는 것을 알고 있나요? 억울한 죽음이 없게 해 주는 의사, '법의학자'에 대해 알아봅시다.

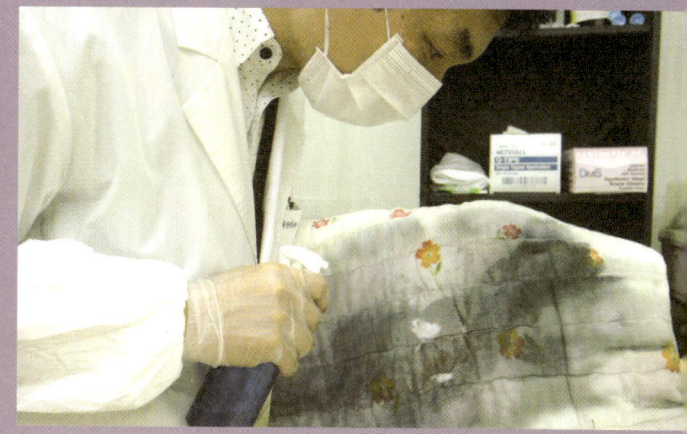
증거물에서 핏자국을 찾기 위해 시약을 뿌리는 법의학자

양산시에 있는 국립과학수사연구원 남부분원

화재 현장을 조사하는 법의학자

Step 2

역사 속 직업 이야기

조선 시대부터 시작된 법의학

법의학은 의학과 과학을 이용해 법률상으로 문제가 되는 일을 해결하는 학문을 말합니다. 구체적으로 말하자면 억울하게 죽은 사람을 조사해 무엇 때문에 죽음에 이르게 되었는지를 밝혀 사람들이 가진 소중한 권리를 침해 당하지 않도록 하는 것이지요.

예로부터 사람의 목숨을 소중히 여겨 왔던 우리나라는 오래전부터 법의학이 발달했습니다. 《신주무원록》과 《증수무원록》이라는 법의학서가 발간될 정도였습니다. 《신주무원록》은 중국의 법의학서인 《무원록》을 들여와 우리나라의 사정에 맞게 다시 쓴 책입니다. 《무원록》은 중국의 제도에 맞춰져 있어 조선에 적용하기가 어려웠기 때문에 조선의 제도에 맞게 바꾼 것이지요.

《증수무원록》은 《신주무원록》이 등장하고 약 300년이 지나자 과거의 법의학 지식으로 범죄를 해결하기 어려워 그동안 쌓인 법의학에 대한 지식을 모아 《신주무원록》을 보강해 다시 발간한 책입니다.

무원은 無(없을 무)와 寃(원통할 원)으로 이뤄진 말로 '억울함이 없게 하다'라는 의미예요. 지금처럼 사체를 보존할 냉장 설비나 과학적 분석 설비가 없던 옛날에도 억울한 희생자나 피해자가 없도록 과학적인 수사가 진행된 것입니다.

물론 당시에는 지금처럼 부검을 할 수 없었기 때문에 주로 사체의 겉모습과 상태를 살피는 방식으로 수사를 진행했습니다. 그리고 수사가 빈틈없이 이루어지도록 '삼심 제도'를 시행했어요. 일단 사람이 죽으면 사체가 있는 지역의 지방관이 '초검'을 실시합니다. 그리고 초검의 결과를 정해진 규칙에 맞게 작성해 상부에 제출했어요. 초검이 끝나면 그 인근의 지방관이 '복검'을 하게 됩니다. 이때 초검의 결과를 모르게 한 후 복검을 실시하고, 초검 결과를 제출한 상부에 복검의 결과를 제출하게 했지요. 이렇게 조사한 두 개의 부검 결과가 일치한다면 그것으로 사건은 종료됩니다. 하지만 부검의 결과가 일치하지 않는 경우에는 세 번째 부검인 삼검을 실시합니다. 이미 죽은 사람이지만 억울함이 없도록 신중을 다해 죽은 원인을 찾은 것입니다.

이런 오랜 법의학 전통을 가진 우리나라는 범죄 수사 증거물에 대한 과학적 감정 및 연구 활동을 통해 사건을 해결하고 범인을 검거할 수 있도록 지원하기 위해 1955년 3월 25일 국립과학수사연구원을 설립했습니다.

각종 강력 범죄와 지능형 범죄가 늘고 있는 현재, 국립과학수사연구원은 우수한 법의학자와 첨단의 장비를 통해 국민의 기본권을 보장하고 생명과 안전을 지키기 위해 밤낮을 가리지 않고 노력하고 있답니다.

Step 3 법의학자는 어떤 사람일까?

의학과 과학을 이용해 억울한 사람이 없도록 정의를 실현하는 의사

법의학자는 의학과 과학을 이용해 법적으로 발생하는 문제를 해결하는 사람입니다. 가장 대표적인 활동은 범죄로 인해 숨을 거두게 된 사람을 부검해 죽음의 이유를 밝히고 증거를 수집해 범인을 잡도록 돕는 것이지요. 죽은 사람이 왜 사망하게 되었는지를 비롯해 사망한 시간, 사용된 흉기, 독극물 등을 찾아내어 수사관에게 전달합니다.

때로는 법의학 전문가로서 법정에서 진술을 하기도 하지요. 전문가로서 법의학자의 진술은 재판에서 절대적인 판단의 기준이 되므로 어느 쪽에도 치우침이 없이 공정해야 하며, 반드시 사실만을 이야기해야 합니다.

사체를 분석해 가족을 찾아 주는 전문가

법의학자는 누군지 알 수 없는 사체의 신원을 확인하는 일을 합니다. 한국 전쟁에서 사망한 사람의 유골을 분석해 가족을 찾아 주거나, 전쟁이나 건물이 무너지는 대형 사고 등으로 심하게 훼손된 사체를 분석해 가족을 찾아 주는 일을

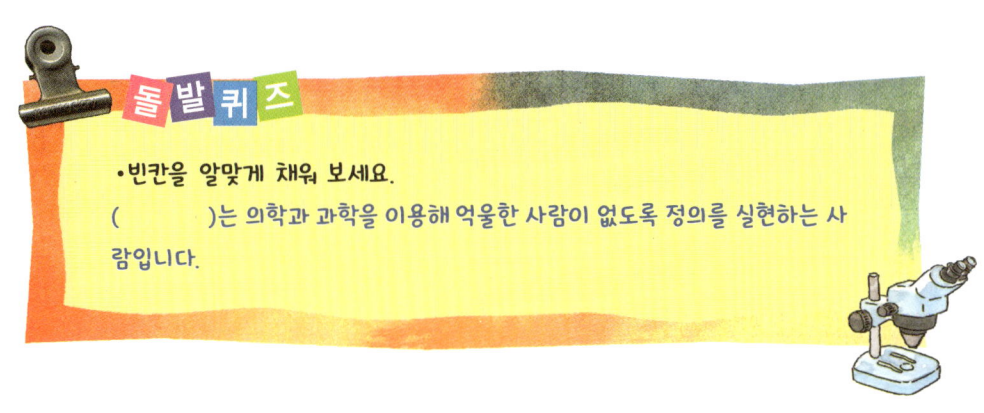

돌발퀴즈

• 빈칸을 알맞게 채워 보세요.
( )는 의학과 과학을 이용해 억울한 사람이 없도록 정의를 실현하는 사람입니다.

합니다. 이러한 법의학자의 노력은 전쟁이나 사고로 가족을 잃어 마음이 아픈 사람에게 큰 위로가 됩니다.

부검을 참관하는 모습

Step 4

법의학자는 무슨 일을 할까?

법의학자는 해결하기 어려운 범죄를 과학적으로 조사해 결정적인 증거를 제시합니다. 그래서 강력한 범죄에 대해 수사하는 경우가 많으며, 수사 기관에서 의뢰한 시신을 부검해 사인을 찾는 일이 주요한 업무입니다. 더불어 신원 미상의 시체를 부검해 가족에게 돌려보내 주거나 유전자 분석을 통해 친자를 확인해 주는 일도 한답니다. 법의학자가 구체적으로 어떤 일을 하는지 살펴볼까요?

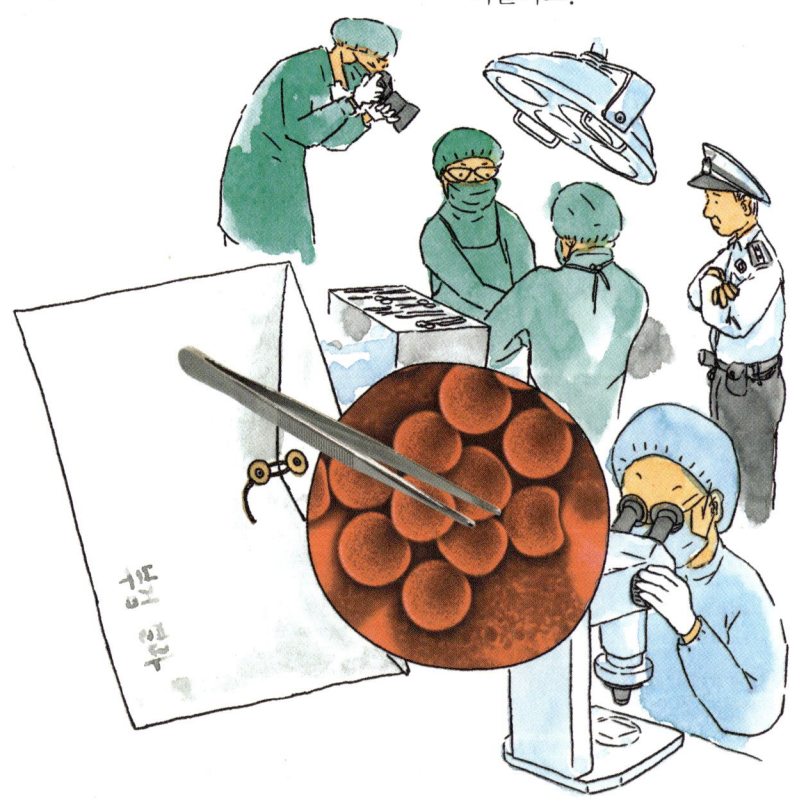

24_법의학자

시신을 부검해 필요한 증거물을 찾아요

법의학자가 하는 가장 대표적인 업무는 수사 기관에서 의뢰한 시신을 부검해 사인을 밝히는 일입니다. 어떤 이유로 죽었는지, 숨을 거두게 된 시간은 언제인지 등을 부검을 통해 알아내는 것이지요.

부검 과정을 살펴보면, 먼저 부검에 앞서 고인에게 애도를 표합니다. 그리고 본격적인 부검은 외부의 특징을 관찰하는 것부터 시작되지요. 몸의 외부에 있는 상처나 흔적, 시반 등을 확인합니다.

외부 검사가 끝나고 나면, 내부 검사가 시작됩니다. 내부 검사는 몸의 뒤쪽에서 시작해 복부, 내장, 머리, 목 등 전신을 모두 검사합니다. 어떤 원인으로 사망했는지 정확히 확인하기 위해 몸의 한 곳도 빠짐없이 샅샅이 검사하는 것이지요. 그리고 내장 기관을 조사할 때는 혹시 독극물을 먹은 것은 아닌지, 오랫동안 앓고 있던 병이 있는지를 검사할 수 있도록 샘플을 채취하기도 합니다. 그리고 모든 조사가 끝나면 시신을 원래의 모습대로 만들어 줍니다.

이 과정에서 기록과 촬영이 매우 중요합니다. 작은 단서라도 범죄를 해결하는 실마리가 될 뿐 아니라, 무엇보다 그 사람이 어떠한 이유로 죽었는지를 찾아내기 위해서는 부검을 통해 얻는 정보가 매우 중요하기 때문이지요. 이렇게 부검을 통해 알게 된 모든 정보를 고려해 객관적인 관점에서 보고서를 작성해야 합니다.

시반 : 사람이 죽으면, 몸속에서 흐르던 피도 멈추게 됩니다. 그리고 혈액은 중력의 작용을 받아 몸의 아래로 모이게 되지요. 이렇게 혈액이 몸의 아래로 내려가 피부에 자줏빛 얼룩이 관찰되는 것을 시반이라고 합니다.
부검 : 사람이 죽었을 때 그 원인이 범죄로 인한 것인가를 판단하기 위해 수사 기관이 사체를 조사해 보는 일을 말합니다.

신체 조직이나 증거를 활용해 법의학적 감정을 실시해요

법의학자는 부검을 통해 얻은 신체 조직을 통해 사인이나 다양한 정보를 찾아내려고 노력합니다. 그래서 법의학자 중에는 병리학을 전공한 사람이 많습니다. 병리학은 병의 원인과 발생 과정, 병에 걸린 사람의 조직을 연구하는 학문이기 때문에 사인을 밝혀내는 데에 도움이 됩니다.

그런데 부검을 통해 바로 사인을 찾을 수 있는 경우도 있지만, 의료 사고나 산업 재해, 교통사고처럼 다양한 요인이 있는 경우에는 한 달가량 정밀 검사를 실시하기도 합니다. 부검 결과를 여러 차례 검토하고, 부검을 통해 채취한 신체의 샘플을 분석한 자료를 종합해 사인을 찾아내는 것이지요.

시신을 부검하는 것 외에도 범죄 현장에서 수집한 증거에서 생물학적인 증거를 수집해 분석하기도 합니다. 화재, 자연재해 등으로 한꺼번에 많은 사람이 사망하는 일이 일어날 때 법의학자가 분석을 맡기도 합니다. 신원을 알 수 없는 희생자의 남겨진 뼈, 치아, 머리카락 등에서 디엔에이(DNA)를 채취해 신원을 찾는 작업을 하는 것이지요.

법의학 분야에 대한 연구를 진행해요

법의학자는 감정 결과를 모아 데이터베이스를 구축해 다양한 연구를 진행합니다. 해부학적 관찰 결과나 사망의 원인 등을 모아 국민 보건 통계 자료로 활용하기도 하지요. 범죄 피해자를 유형을 연구해 범죄 유형을 분석한 결과를 가지고 예방 대책을 강구하기도 합니다.

조선 시대의 《신주무원록》도 차곡차곡 법의학 경험이 쌓이자 달라지는 범죄 수법에 대응하기 위해 《증수무원록》으로 더욱 보강되었습니다. 이와 마찬가지로 현대의 법의학자도 더욱 발전하기 위해 연구를 게을리하지 않고 있답니다.

Tip

디엔에이(DNA) : 사람의 몸은 세포로 이루어져 있습니다. 세포에는 핵이 존재하며 이 핵에는 데옥시리보 핵산(deoxyribonuleic acid), 줄여서 디엔에이가 실처럼 돌돌 말려 있어요. 디엔에이란 마치 설계도처럼 생물의 모든 정보를 담고 있어서 디엔에이 분석을 통해 다양한 정보를 알 수 있습니다.

데이터베이스 : 여러 가지 업무에 공동으로 필요한 데이터를 유기적으로 결합해 저장한 것을 말합니다. 데이터를 효율적으로 처리하기 위해 분류하고 저장해 원하는 정보를 쉽게 찾을 수 있도록 한 것입니다.

돌발퀴즈

• 빈칸을 알맞게 채워 보세요.

법의학자는 시신을 (　　　)해 사인과 사망 시간을 알아내고 사건을 해결하는 데에 필요한 증거물을 찾고 분석합니다. 그리고 법의학 분야에 대한 연구를 통해 더욱 법의학을 발전시키려고 노력합니다.

> **첨단 기기가 없던 과거에는 어떻게 수사했을까요?**

범죄 수사를 다룬 드라마나 영화를 보면, 눈에 보이지 않는 작은 먼지까지 분석해 범인을 찾는 장면이 나옵니다. 그런데 첨단 기기가 없었던 과거에는 어떻게 수사했을까요?

독약에 의해 사망한 것은 아닌지 알아내고 싶으면 은을 활용하라

사극에서 임금이 먹을 밥을 다른 사람이 먼저 먹어 보는 장면을 본 적이 있나요? 이때 은수저를 음식에 넣어 보기도 하는데, 이는 음식에 독약을 타지 않았는지 알아보기 위해서입니다. 예전에는 사람을 해치는 데 색깔이 없고 냄새도 나지 않는 '비상'이라는 독을 많이 사용했습니다. 냄새도 나지 않고 색깔도 없으니 음식에 타면 당연히 알 수가 없지요. 그런데 비상에는 황이라는 성분이 있어 은과 결합하면 색이 검게 변하는 화학적인 특징이 있습니다. 이 화학적 특징을 이용해 사망한 사람에게서 특별히 관찰되는 상처가 없다면 입속에 은비녀를 넣어 독약에 의해 사망한 것은 아닌지 확인했습니다.

칼에서 핏자국을 찾을 수 없다면 식초를 활용하라

칼로 사람을 다치게 한 사람이 자신의 범행을 감추기 위해 칼을 물에 깨끗이 씻어 핏자국을 없앤다면 범인을 찾을 수 없겠지요? 그런데 우리 눈으로는 확인할 수 없지만, 칼에는 피의 흔적이 남아 있습니다. 지금은 '루미놀'이라는 화학 약품을 통해 이를 찾아내지만, 이러한 화학 약품이 없던 조선 시대에는 어떻게 흔적을 찾아내었을까요?

조선 시대에는 주방에서 쉽게 볼 수 있는 식재료 중 하나인 식초를 활용했습니다. 강한 식초인 고초액을 칼에 바르면, 핏속의 알부민이 산성인 식초 때문에 굳어 버려 핏자국으로 나타나게 됩니다.

"시신의 가족을 찾아 주는 집단사망자관리단"

삼풍백화점 붕괴, 대구 지하철 참사, 쓰나미 참사와 같이 자연재해나 대형 사고가 일어나게 되면, 많은 사람이 죽거나 다치게 됩니다. 그래서 갑작스럽게 가족을 잃어 버리고 시신조차 찾지 못하게 되는 안타까운 일이 일어나게 되지요.

우리나라 국립과학수사연구원에서는 이러한 사람들이 가족의 시신이라도 찾을 수 있도록 '집단사망자관리단'을 운영합니다. 집단사망자관리단은 사고로 시신이 많이 훼손되거나 신원을 확인할 수 있는 자료가 없을 때, 시신으로부터 디엔에이를 채취해 가족을 찾아주는 일을 합니다.

많은 사람이 죽은 삼풍백화점 붕괴 현장

직업 일기
법의학자의 하루

오늘은 그동안의 연구 결과를 발표하기 위해 오랜만에 모교에 방문했다. 진지하고 엄숙한 분위기의 부검실이 아닌 꽃이 활짝 핀 캠퍼스를 걸으니, 기분이 상쾌했다. 그리고 바쁘다는 핑계로 오랫동안 뵙지 못했던 교수님도 찾아뵈었다.

사실 교수님은 내가 법의학자가 되겠다고 했을 때 무척 화를 내셨다. 당시에 법의학자가 출연하는 텔레비전 프로그램이 인기일 때라 막연히 법의학자가 되겠다는 학생이 많았다. 교수님은 나 역시 그렇지 않을까 하는 생각에 화를 내셨던 것이다.

그런데 그때 법의학자가 되겠다고 한 친구 중에 어떤 친구는 법의학자를 포기했고 어떤 친구는 법의학을 공부하다가 다른 분야로 바꾸게 되어, 결국 나를 포함한 두 명만이 법의학자의 길을 걷고 있다.

"그땐 자네가 법의학자가 하는 일이 얼마나 중요하고 막중한 일인지 모르고 무턱대고 덤비는 것 같아

 화를 냈지. 하지만 어엿한 법의학자가 되어 열심히 하고 있는 자네의 모습을 보니 무척 기쁘네. 나한테 서운한 마음이 있으면 털어 버리게나."
 교수님이 걱정하신 만큼 법의학자의 길이 쉽지는 않다. 많은 시신을 부검하는 날이나 너무 슬픈 사연을 가진 피해자를 부검하는 경우에는 체력적으로도 정신적으로도 매우 힘들다. 하지만 사인을 찾아 범인을 밝혀내거나 신원 미상의 시신을 가족에게 돌려줄 수 있을 때는 보람이 크다.
 오늘 학회에서 발표하게 될 주제는 집단사망자관리단에서 지난 한 달 동안 진행했던 한국 전쟁 사상자의 신원 확인 작업에 관한 것이다. 너무나 많은 감식에 지치기도 했지만, 몇십 년 만에 가족을 찾게 되었다며 감사 인사를 하는 피해자 가족을 볼 때 '아 내가 이 일을 잘 선택했구나.'라는 생각을 하게 되었다.
 누군가 법의학자가 되고 싶다고 말한다면, 나 역시 일단은 교수님처럼 다시 생각해 보라고 말할 것이다. 하지만 이 일을 해낼 각오가 충분히 되어 있다면, 최선을 다하라고 권유하고 싶다.

법의학자의
좋은 점 VS 힘든 점

좋은 점 : 국민의 생명과 인권을 보호하기 때문에 보람을 느껴요!

법의학자가 하는 일은 국민의 생명과 인권을 보호하는 중요한 일입니다. 단순히 부검이라는 업무를 하는 것이 아니라 그 결과로 범죄를 저지른 사람을 찾아내어 다른 사람의 생명을 보호하지요. 동시에 죽은 사람의 인권을 보호하는 일이기도 합니다. 누구나 할 수 없는 어려운 일이기에 더욱 보람이 있습니다.

돌발퀴즈

• 보기를 보고 정답을 맞혀 보세요.
법의학자는 국민의 생명과 인권을 보호하는 중요한 일을 하기 때문에 보람을 느낀다는 장점이 있습니다. 그렇다면 단점은 무엇일까요?
① 새로운 아이디어를 계속해서 내야 하기 때문에 힘들다.
② 일하는 시간이 불규칙해 체력적으로 힘들다.
③ 실수에 대한 정신적 부담이 크다.

힘든 점 : 실수에 대한 정신적 부담이 커요!

중요한 일을 하는 만큼 법의학자가 잘못된 판단을 내린다면 영향력이 매우 큽니다. 엉뚱한 사람이 범인으로 지목을 받으면 죽은 사람이 억울함을 풀지 못할 뿐 아니라 잘못이 없는 사람의 인생을 송두리째 흔들어 놓을 수 있습니다. 따라서 실수에 대한 정신적 부담이 큽니다. 그리고 아직은 법의학자의 수는 적은데 부검해야 할 시신은 많아 과중한 업무에 시달릴 수도 있어요.

법의학자는 어떤 능력이 필요할까?

관찰력

작은 증거도 놓치지 않고 분석해 내기 위해서는 관찰력이 중요합니다. 시력과 같은 신체 능력도 좋아야 하지만, 감정하는 상황에서 집중력을 발휘하는 것이 중요합니다. 그리고 부검에 대한 해박한 지식을 갖추고 있어야 작은 증거도 빠뜨리지 않고 찾을 수 있습니다.

장비 조작 능력

부검을 한다는 것은 매일 수술을 한다는 것과 같습니다. 따라서 장기를 손상시키지 않으며, 신체의 각 부위를 살펴보고, 원래에 가깝게 원상 복구하기 위해서는 예민한 감각과 섬세한 손놀림으로 도구를 잘 다루는 능력이 필요합니다.

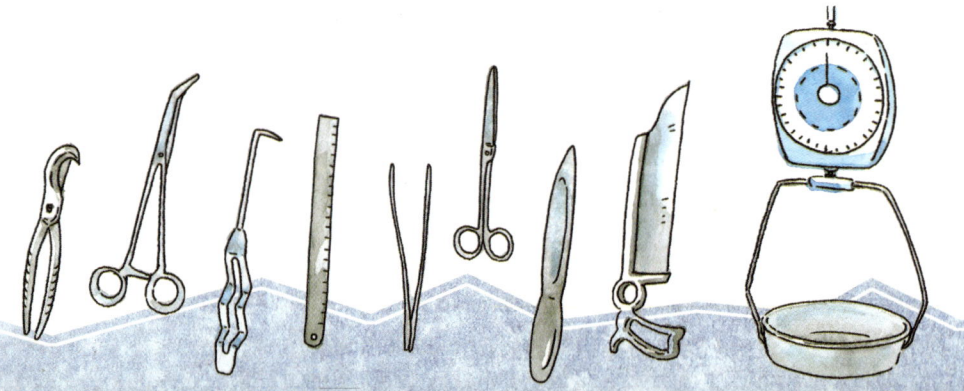

돌발퀴즈

• 알맞은 답을 고르세요.
법의학자가 일을 하는 데 다음 중 어떤 능력이 가장 필요할까요?
① 관찰력　　　　　② 미적 감각　　　　　③ 가르치기

논리력과 분석력

법의학자는 부검을 통해 알아낸 결과를 바탕으로 사인을 추정해 내야 합니다. 각 증거가 무엇을 의미하는지를 분석하는 능력과 함께 이를 종합해 논리적으로 사고한 후 원인을 찾아내는 능력이 필요하지요.

Step 7

법의학자가 되기 위한 과정은?

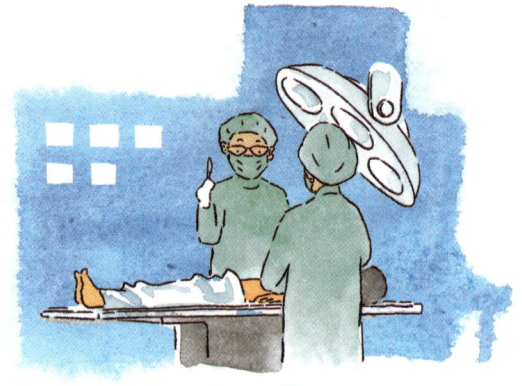
졸업 후
(국립과학수사연구원,
경찰청 과학수사센터)

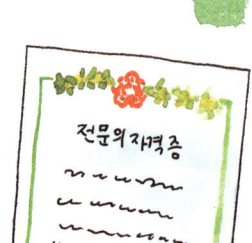
관련 자격증
(전문의 자격증)

대학교
(의학과)

중·고등학교
(일반 고등학교 이과,
과학 고등학교)

중·고등학교

교과 과목 중에서 수학과 과학(생명과학)이 중요하며, 의학 분야에 대한 흥미가 필요합니다. 고등학교를 선택할 때는 일반 고등학교나 자율 고등학교로 진학해 이과를 선택하는 것이 좋습니다.

대학교

법의학자가 되기 위해서는 의학과에 진학하는 것이 필요하며, 전공 과목을 결정할 때에 병리학, 해부학 등을 선택하면 유리합니다. 의학과에서 공부하면서 법의학 교실에서 강의를 듣는 것도 도움이 됩니다.

졸업 후

졸업 후에는 국립과학수사연구원이나 경찰청 과학수사센터로 취업하면 좋습니다. 졸업 후에 바로 취업하기도 하지만, 그렇지 않은 경우에는 병리과 전문의로 근무하거나 다양한 연구를 수행한 경력을 쌓은 후에 다시 도전할 수도 있습니다.

관련 자격증

전문의 자격증

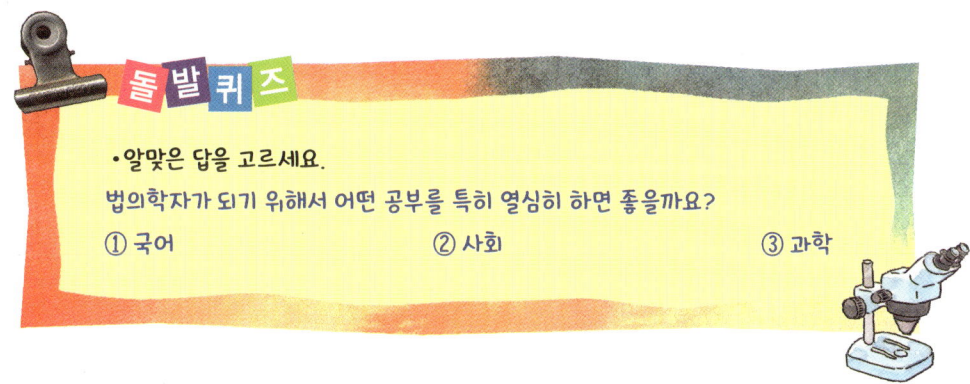

돌발퀴즈

• 알맞은 답을 고르세요.
법의학자가 되기 위해서 어떤 공부를 특히 열심히 하면 좋을까요?
① 국어   ② 사회   ③ 과학

직업 사전, 적합도 평가

법의학자라는 직업이 나와 얼마나 어울릴까?

❖( ) 안에 돌발퀴즈의 답을 적어 넣으면 직업 사전이 완성됩니다.

법의학자	직업 사전	직업 적합도		
		항목	평가	점수
정의	( )는 의학과 과학을 이용해 억울한 사람이 없도록 정의를 실현하는 사람입니다.	법의학자라는 직업 자체에 얼마나 흥미가 있나요?	☆☆☆☆☆	/ 5
하는 일	법의학자는 시신을 ( )해 사인과 사망 시간을 알아내고, 사건을 해결하는 데에 필요한 증거물을 찾고 분석합니다.	법의학자가 하는 일에 얼마나 흥미가 있나요?	☆☆☆☆☆	/ 5
장단점	법의학자는 국민의 생명과 인권을 보호하는 중요한 일을 하기 때문에 보람을 느낀다는 장점이 있습니다. 하지만 실수를 하게 되면, 그 영향력이 크기 때문에 ( )이 큽니다.	장점과 단점을 모두 고려했을 때 법의학자라는 직업에 얼마나 관심이 있나요?	☆☆☆☆☆	/ 5
필요 능력	법의학자가 되려면 ( ), 논리력과 분석력, 장비 조작 능력 등이 필요합니다.	법의학자가 되기 위해 필요한 능력을 얼마나 갖추고 있나요?	☆☆☆☆☆	/ 5
되는 방법	법의학자가 되려면 중고등학교 때는 수학과 ( ), 특히 생명과학에 대한 흥미를 가지고 열심히 할 필요가 있습니다. 대학교에서는 의학과에 진학해 병리학이나 해부학을 전공하는 것이 좋습니다.	법의학자가 되기 위한 공부를 하는 데 얼마나 관심이 있나요?	☆☆☆☆☆	/ 5

법의학자 적합도(총점) :   / 25

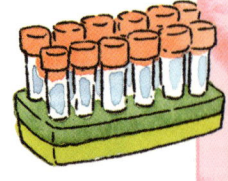

직업 적합도 평가 방법

❶ 직업 사전의 항목을 꼼꼼히 읽어 보세요.

❷ 직업 적합도 항목을 읽고 해당하는 만큼 별표를 색칠해 주세요.

- 0개 : 전혀 없음
- 1개 : 거의 없음
- 2개 : 조금 있음
- 3개 : 보통
- 4개 : 많음
- 5개 : 아주 많음

❸ 별 1개당 1점으로 계산하여 점수를 적어 넣으세요.

❹ 평가 기준(총점)

총점	적합도	목표 직업으로 삼을 경우 고려할 점
21~25	매우 높음	직업 적합도가 매우 높습니다. 이 직업을 목표로 삼고 필요한 능력을 꾸준히 개발하도록 합니다.
16~20	높음	직업 적합도가 높습니다. 적합도 점수가 낮은 부분을 중심으로 보완하도록 합니다.
11~15	보통	직업 적합도가 보통입니다. 꾸준히 관심을 가지고 이 직업에 대해 알아보도록 합니다.
0~10	낮음	직업 적합도가 낮습니다. 해당 직업과 함께 다른 직업의 정보도 함께 알아보도록 합니다.

교사와 학부모를 위한 가이드
적성 & 진로 지도

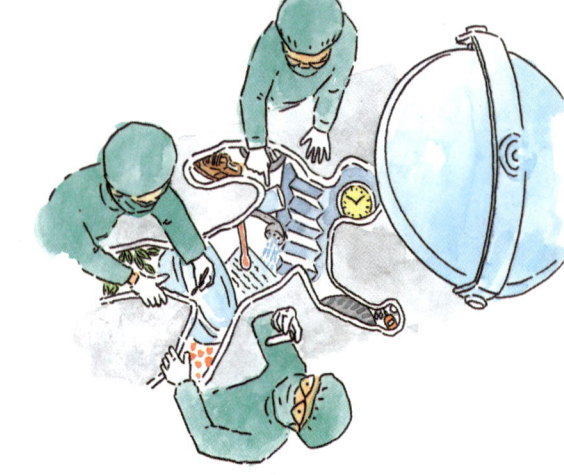

이렇게 지도하세요

아이가 법의학자에 흥미를 보인다면, 의학과 생물학, 화학 등을 좋아하고 그것에 대해 역량을 보이는지 확인하는 것이 필요합니다. 더불어 심리학과 같은 다양한 분야의 지식을 갖추는 것이 좋습니다.

물론 법의학자는 부검의 결과를 토대로 사인을 판단하지만, 실제로 범인을 찾아가는 과정에서는 다양한 전문가와 협업하고 의견을 참고합니다. 부검을 통해 많은 정보를 찾아내고 추론해 내기 위해서는 부검 외의 다른 분야에도 관심을 가지고 공부하는 것이 좋습니다.

또한 법의학자는 의학뿐 아니라 법 공부도 열심히 해야 합니다. 다양한 법률 서적을 읽거나 범죄의 사례를 모아 놓은 책을 읽는 것도 도움이 됩니다.

학습 설계(중점 과목)

구분 I	구분 II
국어, 영어, 수학	사회, 과학, 예체능

활동 설계(관련 활동)

동아리	화학·생물 연구반, 실험반, 봉사 동아리
독 서	《국경 없는 의사회》, 《나는 외과의사다》, 《환자가 된 의사들의 좌충우돌 투병기》, 《닥터 노먼 베쑨》, 《시골의사의 아름다운 동행》, 《법의관이 도끼에 맞아 죽을 뻔했디》
기 타	과학수사대 체험 활동

꼭 알아 두세요

범죄 수사에 관한 드라마나 영화가 많이 나오면서 법의학자에 대한 관심이 많아졌습니다. 최근에 국립과학수사연구원에도 법의학자로 지원한 학생의 수가 폭발적으로 증가했다고 합니다. 하지만 법의학자는 멋있어 보인다는 이유로 선택해서는 안 됩니다. 시신을 다루는 특수한 직업 환경과 그 결과가 가지는 영향력은 엄중한 책임감을 요구합니다. 단순한 흥미로 직업을 선택하지 않고 책임감을 갖고 선택하도록 이끌어 주어야 합니다.

교사와 학부모를 위한 가이드
직업 체험 활동

과학수사대 체험해 보기

국립과천과학관과 경찰청 과학수사센터에서는 과학수사대 체험 프로그램을 운영하고 있습니다. 사전에 예약을 해야만 참여할 수 있으니 홈페이지를 통해 일정을 확인하고, 미리 예약해야 합니다.

인체 박람회 탐방하기

법의학자는 부검을 주된 업무로 하는 만큼 인체 구조에 대한 공부가 필요합니다. 각 부분의 명칭을 외우고, 어떠한 기능을 하는지 공부하는 과정을 통해 법의학자가 되는 데에 필요한 지식을 쌓을 수 있습니다.

반려 동물 키워 보기

생명의 소중함과 존엄성에 대해 생각해 볼 수 있도록 반려 동물을 키워 보는 것도 도움이 될 수 있습니다. 스스로 동물을 보살피면서, 생명을 소중하게 여기는 태도와 책임감을 기를 수 있도록 합니다.

추천 사이트

국립과학수사연구원 　http://www.nfs.go.kr
경찰청 과학수사센터 　http://www.kcsi.go.kr
국립과천과학관 　http://www.sciencecenter.go.kr
대한법의학회 　http://www.legalmedicine.or.kr

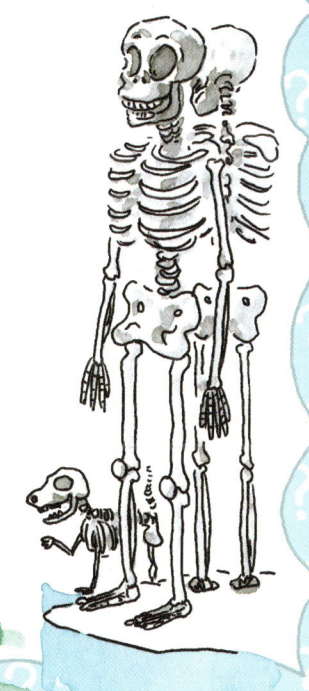

공통 계열

군인

Step 1

군인 이야기

텔레비전에서 종종 대한민국을 지키는 군인의 늠름하고 멋진 모습을 볼 수 있습니다. 우리나라는 전쟁이 완전히 끝나지 않은 휴전 상태라 다른 나라보다 군대의 역할이 중요하기 때문에 모든 국민에게 국방의 의무가 있습니다. 특히 신체가 건강한 대한민국의 남자는 의무적으로 군 복무를 해야 합니다.

하지만 스스로 대한민국의 수호자로 나서는 사람도 있습니다. 이런 사람 중 적지 않은 수가 군인을 직업으로 선택해 '직업 군인'의 길을 걷기도 합니다. 그럼 육지, 바다, 하늘에 이르기까지 멋지고 늠름하게 나라를 지키는 군인에 대해 알아볼까요?

아프가니스탄에서 경계를 서고 있는
대한민국 군인

수해 복구를 돕고 있는 육군 장병들

산악 지대에서 훈련 중인 대한민국 군인

Step 2

역사 속 직업 이야기

우리나라 군인의 활약상

다른 나라가 우리나라를 위협할 때, 혹은 세계 평화를 지켜야 할 때 가장 앞장서는 사람은 누구일까요? 바로 군인입니다.

먼 옛날인 고조선 시대에도 군인은 존재했습니다. 하지만 현대식 무기를 갖춘 군인이 탄생한 시기는 그리 오래되지 않았습니다. 1948년 8월 15일 대한민국 정부가 세워지면서 대한민국 국군도 정식으로 생겨났지요.

대한민국 국군은 조직되자마자 엄청난 전쟁을 치렀습니다. 1950년 6월 25일 북한의 기습적인 침략으로 한국 전쟁이 일어난 것입니다. 우리 군인은 이 전쟁으로부터 국가와 국민을 지켜야 하는 임무를 부여받았습니다.

북한군의 무기는 우리에 비해 훨씬 우수했습니다. 북한군은 최신식 전차와 전투기를 앞세워 남쪽을 향해 물밀듯이 밀고 내려왔습니다. 그러나 우리 군인은 적이 국토를 짓밟는 것을 지켜만 보지 않았습니다. 수류탄을 들고 맨몸으로 전차에 뛰어든 군인, 비행기 엔

진에 미사일을 맞아 비행이 불가능해지자 비행기와 함께 적진으로 몸을 던진 군인 등 수없이 많은 병사가 목숨을 아끼지 않고 적을 맞아 싸웠습니다. 이들은 모두 전쟁 영웅이자 대한민국의 영웅이었습니다.

수많은 '전쟁 영웅'의 활약으로 북한군의 기세는 꺾이기 시작했습니다. 북한의 침략을 불법 전쟁으로 규정한 국제 연합(UN)이 지원군을 보내면서 전쟁의 승기는 우리 쪽으로 돌아섰습니다. 결국 전쟁은 우리의 승리가 아닌 휴전으로 막을 내렸지만, 우리 군인의 활약에 비추었을 때 전쟁을 승리로 이끈 것이나 다름없습니다.

한국 전쟁을 치른 우리 군인은 빠르게 성장했습니다. 1964년 5월 9일에는 대한민국 국군 최초로 해외 파병을 실시하기도 했습니다. 베트남 전쟁을 벌이고 있는 미국을 돕기 위해 우리 병력을 베트남에 보낸 것입니다. 먼저 의료 및 건설 지원단을 보냈다가 이어서 전투 병력까지 보냈습니다. 파병된 우리 군인은 임무에 최선을 다해 대한민국 국군의 위상을 드높였습니다.

짧은 시간에 눈부신 발전을 이룬 대한민국 국군은 오늘날 세계의 공익을 위해서도 여러 가지 활동을 벌이고 있습니다. 대표적인 예로, 아이티 대지진 때 의료 및 건설 지원단이 봉사 활동을 펼친 것입니다. 총 대신 메스와 삽을 든 우리 군인은 자신의 몸을 아끼지 않고 봉사를 해서 많은 칭찬을 받았습니다.

공익을 위한 군인의 활동은 평화를 유지하는 데에 이바지하고 있습니다. 이제 대한민국의 군인은 뛰어난 전투 능력은 물론 평화의 정신까지 두루 갖추고 있습니다.

Step 3

군인은 어떤 사람일까?

국민의 생명과 재산을 보호하는 수호자

군인은 전쟁이 일어났을 때 국가와 국민을 지키는 사람입니다. 언제 어디서 일어날지 모르는 전투를 대비해 항상 각종 무기에 대한 교육을 비롯해 작전을 완벽히 수행하기 위한 전술 훈련과 체력 훈련을 받습니다.

질서 유지를 책임지는 보안관

전쟁이 일어나면 군인은 여러 공무원과 더불어 국민의 질서를 유지하기 위한 활동도 합니다. 국민이 우왕좌왕하지 않게 안전한 피난 방법을 안내하고, 경찰 공무원처럼 치안 업무도 하지요. 계급이 높은 군인은 무질서한 상황에서 범죄가 일어나면 즉시 심판할 수 있는 권한도 가지게 됩니다.

우리나라를 대표하는 해외 봉사단

군인이라고 해서 1년 365일 전투 훈련만 하는 것은 아닙니다. 다른 나라에 지진, 산사태 같은 자연재해가 발생했을 때 무기를 내려놓고 국가 봉사단으로 파

우리 기술로 만든 K1A1 전차를 타고 훈련 중인 군인들

견되기도 합니다. 외국에서 우리나라를 대표하는 해외 봉사단으로 활약하는 것이지요.

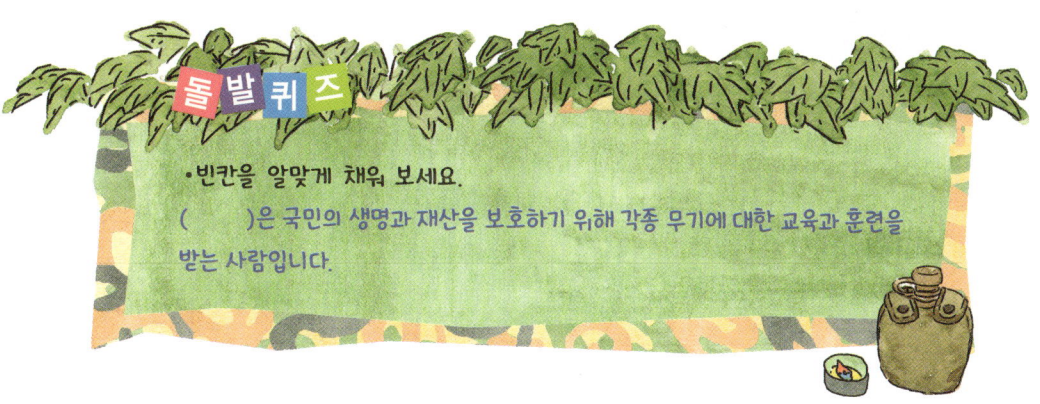

돌발퀴즈

• 빈칸을 알맞게 채워 보세요.
 (   )은 국민의 생명과 재산을 보호하기 위해 각종 무기에 대한 교육과 훈련을 받는 사람입니다.

Step 4

군인은 무슨 일을 할까?

군인이라고 하면 총과 미사일을 쏘며 전투를 하는 모습이 가장 먼저 떠오르지요? 물론 군인의 첫째 임무는 전시 상황에서 몸을 바쳐 나라를 지키는 일입니다. 그래서 평소에 전투 준비를 철저히 하는 것입니다. 하지만 더 중요한 것은 전쟁이 벌어지지 않도록 대비하는 일입니다. 이렇듯 평화를 지키기 위해 노력하는 군인이 하는 일에 대해 더 자세히 알아보겠습니다.

각종 장비를 사용해 적의 움직임을 감시해요

군인은 적의 움직임을 파악하기 위해 자신이 맡고 있는 지역에서 24시간 경계 근무를 섭니다. 낮에는 주로 망원경을 사용해 좌우를 살피고, 밤에는 야시경을 사용해 주변을 살피지요. 만약 적의 움직임이 발견되면 비상 연락망을 통해 상급 부대에 보고한 후 상황을 판단해 대처합니다.

경계에 사용하는 장비는 각 군에 따라 차이가 있습니다. 육군은 낮에는 경계병의 눈으로 관측하는 방법을 주로 사용하고, 야간의 경우 적외선 감지기를 사용해 어둠을 틈타 침투하는 적의 행동을 파악합니다. 해군은 주로 함정에 설치된 레이더를 통해 적의 움직임을 감시합니다. 공군은 정찰기를 띄우기도 합니다.

국민의 생명과 재산을 보호하기 위해 많은 훈련을 해요

군인은 훈련하는 데에 가장 많은 시간을 보냅니다. 훈련은 보통 각 부대별로 이루어지지만, 전국의 군대가 함께 움직이는 큰 훈련을 실시하기도 합니다. 한국에 머물고 있는 '주한 미군'과 힘을 모아 훈련하는 경우도 있습니다.

전투 현장은 긴박한 상황이 수시로 발생하기 때문에 평소에 훈련을 통해 어떠한 상황에도 당황하지 않고 자신의 임무를 수행할 수 있도록 준비하지 못하면 소중한 생명을 잃고 전투에 패배할 수 있습니다.

적군이 침입하면 신속하게 전투를 벌여요

적군이 침입하면 군인은 자신에게 주어진 무기를 들고 전투에 참여합니다. 지휘관의 지휘에 따라 평소 훈련받은 대로 임무를 수행합니다. 전투는 먼저 공격을 받은 쪽이 불리하기 마련입니다. 따라서 적군이 침입하면 군인은 신속하게 대응해야 합니다.

여러가지 복구 사업에 적극적으로 참여해요

적의 공격으로, 또는 홍수, 태풍, 산사태 등의 자연재해로 국민의 삶의 터전이 무너졌을 경우 군인은 앞장서서 복구 사업에 참여합니다. 군대에서는 이러한 복구 사업을 '대민 지원'이라 합니다. 재해 현장은 일손이 많이 필요하지만 위험한 일이 언제든지 발생할 수 있기 때문에 국가와 국민을 위하는 봉사 정신이 투철한 군인의 활약이 요구됩니다. 재난 현장에서 땀방울을 흘리는 우리 군인의 모습이 믿음직스럽지 않나요?

효과적인 전투를 위해 작전을 세워요

계급이 높은 지휘관은 전투를 위한 작전을 세웁니다. 전투가 일어나면 병사는 이 작전에 따라 움직입니다. 물론 전투에서는 여러 돌발 상황이 벌어져서 작전대로 움직이지 못하는 경우가 많습니다. 하지만 승리를 위해서는 작전을 수행하는 것이 우선되어야 합니다. 군대의 모든 군사 행동은 지휘관이 세운 작전에 맞추어 이루어집니다.

병사는 작전에 따라 죽음도 무릅쓰고 임무를 수행하기 때문에 지휘관은 병사의 생명을 소중히 여기면서도 임무를 완수하기 위한 최고의 방법을 고민해야 합니다.

Tip
- 야시경 : 어두운 상황에서 적외선을 사용해 물체를 감지할 수 있게 해 주는 기구를 말합니다.
- 함정 : 크거나 작은 군사용 배를 통틀어 이르는 말입니다. 군함, 구축함, 어뢰정, 소해정 등이 있습니다.

세계 평화를 위해 다른 나라의 전투나 복구 사업에 참가해요

군인은 세계 평화를 위해 다른 나라의 전쟁에도 참여합니다. 이미 우리나라 군대는 베트남, 이라크, 아프가니스탄 등 많은 곳에서 활동하고 있습니다. 이러한 지역에서 전투뿐 아니라 민간인을 위한 의료 지원 같은 활동도 활발하게 펼치고 있습니다. 실제로 대규모 전투 병력이 파견되었던 곳은 베트남 전쟁뿐이고 다른 지역에는 물자 및 지원 업무를 하기 위해 파병되었습니다.

돌발 퀴즈

• 빈칸을 알맞게 채워 보세요.
군인은 전투를 위해 (　　　)을 세우고, 전투에서 승리하기 위해 많은 훈련을 받습니다.

"국군의 종류"

우리나라를 적의 침입으로부터 철통같이 지키기 위해서는 하늘, 땅, 바다를 가리지 않고 모두 살펴야 합니다. 그렇다면 각각의 자리에서 밤낮을 가리지 않고 국토를 지키는 국군의 역할을 자세히 알아보겠습니다.

- **육군** : 주로 지상에서 전투 활동을 하는 군인을 말하며, 가장 많은 병력을 가지고 있습니다. 해군과 공군이 확보한 전투 지역을 지키는 임무를 수행하지요. 전쟁에서 최종적으로 승리를 확인하는 군인입니다. 공병, 기갑병, 항공병, 방공병, 통신병 등이 있습니다.

- **해군** : 주로 해상에서 전투 활동을 하는 군인을 말하며, 육상 및 해상에서 활동합니다. 특히 해군 소속이지만 육상에서 활동하는 병사를 해병대라고 합니다. 주요 임무로는 해상에서 일어나는 불법적인 테러 및 해적 활동을 예방하며, 경제 질서를 위해 밀수선 및 밀입국을 예방하기도 하지요.

- **공군** : 항공 작전을 주 임무로 하며 자신의 특기로 임무를 구분합니다. 전쟁 발생 시 항공 전력 지원, 후방 폭격, 인원 및 물자 수송 업무를 담당합니다.

- **카투사** : 카투사는 미국 군대에 소속되어 있는 한국 육군을 일컫습니다. 미군과 함께 생활하며 생활 및 모든 훈련을 미군과 같이 합니다.

"군대 훈련의 종류"

군인은 비상 상태에 대비해 평소에 늘 훈련을 받지만 심각한 위기 상황에 신속하게 대처하기 위해 특별한 훈련을 받기도 합니다. 강인한 체력과 위기 대처 능력을 기르기 위해 군인이 받는 훈련에는 유격 훈련, 혹한기 훈련, 전술 훈련 등이 있습니다.

- **유격 훈련** : 견디기 힘든 환경 속에서 인내심과 체력을 기르는 훈련입니다. 체력적으로 많이 힘든 훈련이기 때문에 정신력 강화를 목적으로 진행됩니다.

- **혹한기 훈련** : 겨울에 전쟁이 일어났을 경우를 대비하는 훈련입니다. 추운 상황에 대비하는 방법, 겨울철 상황에서의 행동 요령 등을 훈련합니다.

- **전술 훈련** : 작전 계획에 주어진 상황을 가상으로 연출해 진행하는 훈련입니다. 어느 부대가 주가 되느냐에 따라 규모나 내용이 결정됩니다.

유격 훈련 중인 군인

혹한기 훈련 중인 수색 대원

전술 훈련 중인 특수 부대원

직업 일기
군인의 하루

오늘 새벽 5시경, 긴박한 사이렌 소리에 잠에서 깼다. 비상 상황을 알리는 사이렌 소리에 전 부대의 모든 장병이 전투 준비를 시작했다. 개인 무기는 물론 실제 탄환까지 지급되자 모두 긴장하는 표정이었다.

모든 소대장이 소집되어 상황실 앞으로 모였다. 간략한 상황 설명이 끝나고 우리 소대의 역할이 정해졌다. 현재 철책선 일부분에 구멍이 뚫려 있는 것이 발견된 상황이었다. 만일 북한군이 철책선을 뚫고 넘어온 것이라면 정말 심각한 문제다.

인원과 장비 점검이 끝난 소대원은 차량에 탑승해 철책선으로 이동했다. 비상 상황이기 때문에 이동하는 동안에도 주변에 대한 경계를 늦추지 않았다. 배정된 장소로 이동해서 수색과 정찰이 이루어지기 시작했다. 모두 숨죽이고 주위를 살피고 있었다. 소대원 전부가 바

람에 풀잎이 움직이는 소리, 동물의 발자국 소리마저도 예사롭게 넘길 수 없었다. 고요한 적막이 계속되고 소대원의 피로가 누적될 즈음, 무전이 도착했다. 12시간 만에 작전이 끝났다. 다행히 우려하던 상황은 아니었다.

　조사 결과, 철책선의 구멍은 사람에 의해 뚫린 것이 아니라는 것이 밝혀졌다. 새벽부터 잠은 설치긴 했지만, 적의 침입이 아니라는 사실에 안도의 한숨을 쉬었다.

　부대로 복귀하던 길에서 서로의 얼굴을 보았다. 한 나라의 군인으로서 국민의 편안한 밤과 재산, 생명을 보호하는 얼굴이라 생각하니 가슴 한편에 뜨거운 감정이 솟아오르는 듯했다.

　앞으로도 오늘과 같은 상황은 수도 없이 많을 것이고, 더 심한 상황이 닥칠 수도 있다. 하지만 국가를 위해 국민을 위해 언제든 달려 나갈 준비가 되어 있다. 때마침 오후 6시, 애국가가 흘러나온다. 펄럭이는 태극기를 바라보며, 나에게 국가란 무엇인가 하는 질문을 던져 본다.

군인의 좋은 점 vs 힘든 점

좋은 점 : 국가 공무원이기 때문에 안정적인 직업이에요!

군인은 국가에서 관리하는 국가 공무원입니다. 그렇기 때문에 정년까지 자신이 그만두지 않는 이상 계속해서 신분을 유지할 수 있으며, 정년 이후에도 국가에서 제공하는 연금이 있기 때문에 노후에 대한 걱정이 덜한 직업입니다.

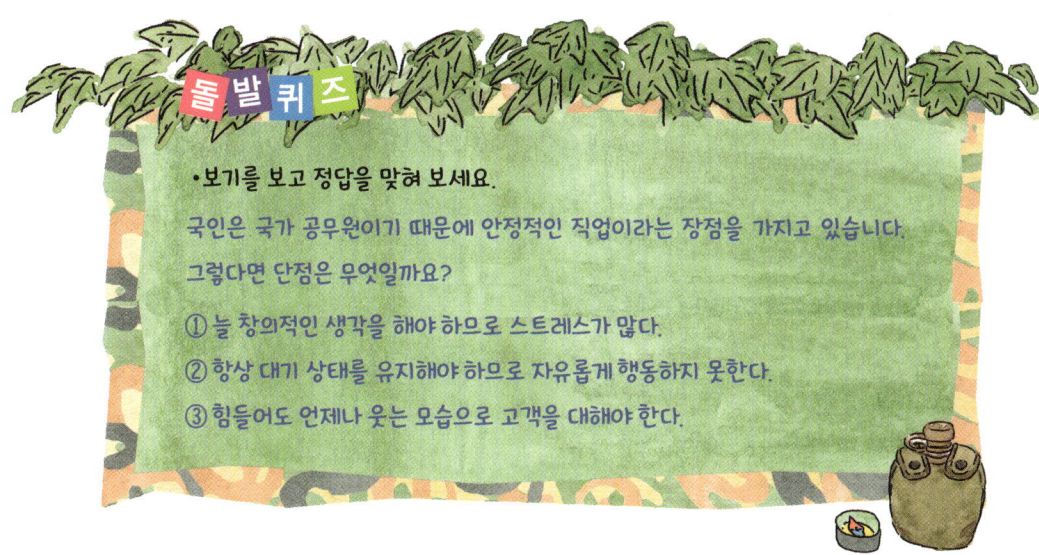

힘든 점 : 항상 대기 상태를 유지해야 하므로 자유롭게 행동하지 못해요!

비상시 가장 먼저 움직여야 하기 때문에 항상 행동에 제약이 따르는 편입니다. 특히 우리나라는 현재 휴전 상태이기 때문에 비상 대기를 항상 유지해야 하며, 비상 상황이 발생하면 현재 시간과 위치에 상관없이 소속 부대로 돌아가 주어진 임무를 수행해야 합니다.

Step 6

군인은 어떤 능력이 필요할까?

체력

군인은 나라에 비상사태가 발생했을 때 위기를 극복하기 위해서 항상 최상의 컨디션을 유지하고 있어야 합니다. 그리고 많은 근무와 훈련을 이겨내기 위해서 강인한 체력을 가지고 있는 것이 좋습니다. 그래서 현역 군인은 틈틈이 운동을 계속하며 자신의 체력 관리를 꾸준히 하고 있습니다.

장비 조작 능력

직업 특성상 무기를 조작하고 사용해야 하는 일이 많기 때문에 장비를 파악하고 조작하는 능력을 가지고 있어야 합니다. 유사시 자신에게 주어진 장비를 직접 수리하는 일도 해야 하지요. 따라서 개인 총기를 수리하는 것은 기본이며 업무에 따라 자동차, 탱크, 비행기, 함정도 정비할 수 있어야 합니다.

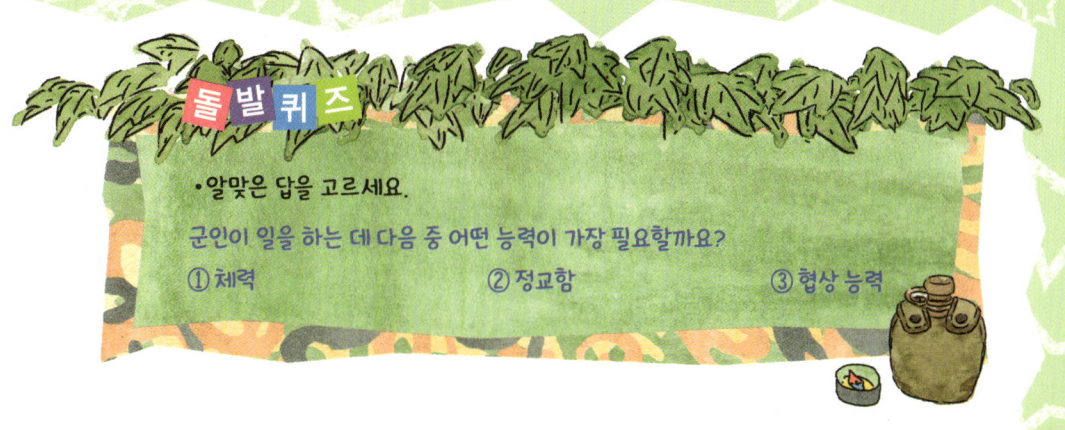

돌발퀴즈

• 알맞은 답을 고르세요.

군인이 일을 하는 데 다음 중 어떤 능력이 가장 필요할까요?
① 체력　　　　　② 정교함　　　　　③ 협상 능력

관찰력

군인이 하는 일 중 가장 주된 임무는 적을 감시하는 일입니다. 눈과 장비를 활용해 적군이 어떤 움직임을 보이는지, 이상한 점은 없는지 매일 감시하고 기록하는 것이지요. 따라서 적군의 상황에 대한 관찰력이 매우 중요합니다.

판단력

위험한 상황이 발생하였을 때, 어떤 조치를 취할 것인가에 대한 판단이 매우 중요합니다. 우선 자신보다 상급자에게 상황을 정확히 전달해야 하며, 자신에게 주어진 임무의 범위 내에서 긴급한 조치를 내릴지 결정해야 합니다. 잘못된 판단으로 국가 간의 전쟁으로 치닫게 될 수도 있기 때문에 정확한 상황을 인지한 후 가장 현명한 판단을 해야 합니다.

Step 7

군인이 되기 위한 과정은?

관련 자격증
(없음)

졸업 후
(장교, 부사관)

대학교
(사관 학교, 학생 군사 학교)

중·고등학교
(일반 고등학교 문과, 이과)

중·고등학교

군인이 되려면 나라를 위해 목숨도 바칠 수 있다는 각오가 있어야 합니다. 문과나 이과 모두 진출할 수 있는 직업이고 애국심을 키우기 위해서 한국사에 대해 공부하면 좋습니다.

대학교

특별히 요구하는 학과는 없으나, 군 장교가 되기를 바란다면 각 군 사관 학교로 진학하는 것이 가장 좋습니다. 사관 학교 졸업 후에는 장교로 임관되지요. 일반 대학교 재학 중 학생 군사 학교(ROTC)에 지원하면 장교로 임관할 수 있습니다.

졸업 후

사관 학교나 학생 군사 학교를 나오면 각 군대의 훈련 부대에서 군인이 되기 위한 기초 군사 훈련을 받고 장교로 임관하게 됩니다. 그 외에 고등학교 졸업 후 각 군에서 실시하는 부사관 시험을 통과하면 직업 군인이 될 수 있습니다.

관련 자격증

관련 자격증 없음

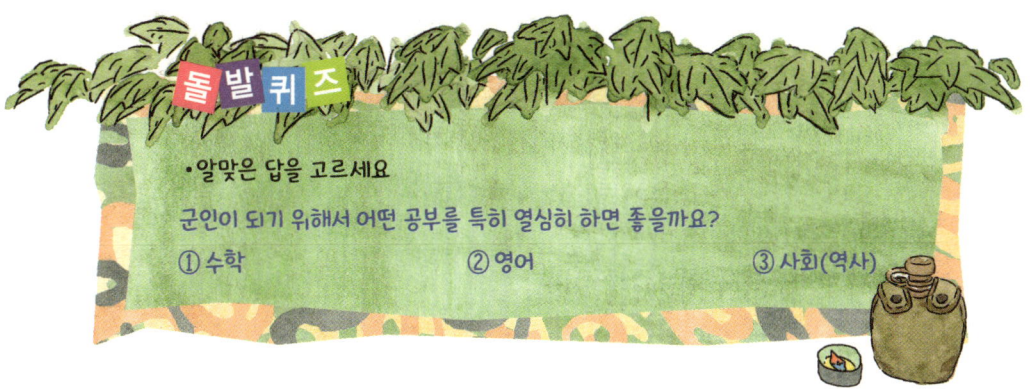

돌발퀴즈

• 알맞은 답을 고르세요
군인이 되기 위해서 어떤 공부를 특히 열심히 하면 좋을까요?
① 수학   ② 영어   ③ 사회(역사)

직업 사전, 적합도 평가

군인이라는 직업이 나와 얼마나 어울릴까?

❖ (   ) 안에 돌발퀴즈의 답을 적어 넣으면 직업 사전이 완성됩니다.

군인	직업 사전	직업 적합도		
		항목	평가	점수
정의	( )은 국민의 생명과 재산을 보호하기 위해 각종 무기에 대한 교육과 훈련을 받는 사람입니다.	군인이라는 직업 자체에 얼마나 흥미가 있나요?	☆☆☆☆☆	/ 5
하는 일	군인은 전투를 위해 ( )을 세우고, 전투에 승리하기 위해 많은 훈련을 받습니다.	군인이 하는 일에 얼마나 흥미가 있나요?	☆☆☆☆☆	/ 5
장단점	군인은 국가 공무원이기 때문에 안정적인 직업이라는 장점을 가지고 있습니다. 하지만 항상 대기 상태를 유지해야 하므로 ( )하지 못한다는 단점이 있습니다.	장점과 단점을 모두 고려했을 때 군인이라는 직업에 얼마나 관심이 있나요?	☆☆☆☆☆	/ 5
필요 능력	군인은 ( ), 장비 조작 능력, 관찰력, 판단력이 필요합니다.	군인이 되기 위해 필요한 능력을 얼마나 갖추고 있나요?	☆☆☆☆☆	/ 5
되는 방법	군인이 되기 위해서는 ( )를 열심히 공부해야 합니다. 대학교는 사관 학교에 진학하면 좋습니다.	군인이 되기 위한 공부를 하는 데 얼마나 관심이 있나요?	☆☆☆☆☆	/ 5

군인 적합도(총점) :   / 25

직업 적합도 평가 방법

❶ 직업 사전의 항목을 꼼꼼히 읽어 보세요.

❷ 직업 적합도 항목을 읽고 해당하는 만큼 별표를 색칠해 주세요.

　　0개 : 전혀 없음　　　　1개 : 거의 없음　　　　2개 : 조금 있음

　　3개 : 보통　　　　　　4개 : 많음　　　　　　5개 : 아주 많음

❸ 별 1개당 1점으로 계산하여 점수를 적어 넣으세요.

❹ 평가 기준(총점)

총점	적합도	목표 직업으로 삼을 경우 고려할 점
21~25	매우 높음	직업 적합도가 매우 높습니다. 이 직업을 목표로 삼고 필요한 능력을 꾸준히 개발하도록 합니다.
16~20	높음	직업 적합도가 높습니다. 적합도 점수가 낮은 부분을 중심으로 보완하도록 합니다.
11~15	보통	직업 적합도가 보통입니다. 꾸준히 관심을 가지고 이 직업에 대해 알아보도록 합니다.
0~10	낮음	직업 적합도가 낮습니다. 해당 직업과 함께 다른 직업의 정보도 함께 알아보도록 합니다.

교사와 학부모를 위한 가이드
적성 & 진로 지도

이렇게 지도하세요

군인은 항상 비상사태에 대비하고 있어야 하고 상관의 명령에 따르는 '상명하복'이라는 원칙을 지켜야 하기 때문에 자율적인 성향을 가지고 있는 자녀보다는 관료적인 성향을 가지고 있는 학생에게 더 잘 어울릴 수 있습니다.

각 군 사관 학교의 경우 인문, 자연 계열의 구분 없이 학생을 선발합니다. 체력 시험이 포함되어 있으므로 학생 기간에 체력을 키우는 것이 좋습니다. 일과 시간 내내 자신의 무기를 점검하고 늘 몸에 지니고 사용하기 때문에 자신이 담당한 무기에 대한 전문 지식도 필요합니다.

처음에 자신의 보직이 결정되면 후에 쉽게 변하지 않으므로 한 분야의 전문가를 희망하는 학생에게 적합한 직업입니다. 꾸준히 일하는 성격을 지닌 자녀에게 추천할 만합니다.

학습 설계(중점 과목)	
구분 I	구분 II
국어, 영어, 수학	사회, 과학, 예체능

활동 설계(관련 활동)	
동아리	학생회 활동
독서	《손자병법》《전쟁론》《한국전쟁사》《나는 세상의 모든 것을 군대에서 배웠다》《백범일지》
기타	리더십·봉사 관련 활동

꼭 알아 두세요

군인의 직업 환경은 전쟁이라는 특수한 상황을 대비한 직업이기 때문에 직업의 특성상 활동과 행동에 제약이 있는 것도 사실입니다. 국민의 생명과 재산을 지킨다는 자부심을 가지고 자신을 희생해야 하는 직업이므로 애국심과 사명감이 없으면 매우 힘든 직업입니다. 애국심과 사명감을 키울 수 있도록 우리나라 역사를 체험할 수 있는 활동을 시켜 주세요.

교사와 학부모를 위한 가이드
직업 체험 활동

한국잡월드 청소년체험관 군훈련캠프

청소년체험관의 '군훈련캠프'에서는 직업 군인을 체험할 수 있습니다. 군훈련캠프에서는 사격 훈련과 전술 훈련을 체험할 수가 있어 군인이 국가 안전을 지키는 마음과 국민을 위해 봉사하는 직업 군인의 정신을 이해하는 기회가 될 수 있어요.

용산 전쟁기념관

군인이라는 직업 특성상 전쟁을 위한 준비를 항상 갖추고 있어야 하기 때문에, 실제 전쟁과 전투가 일어난 상황에 대해서 알고 있는 것이 좋습니다. 용산 전쟁기념관에는 전쟁에 관한 유물 및 다양한 무기에 대한 정보가 있어서 직접 눈으로 보며 배울 수 있어요.

비무장 지대 방문

현재 북한과 경계를 두고 있는 비무장 지대(DMZ)를 직접 볼 수 있는 기회를 가져 보는 것을 추천합니다. 도라전망대나 통일전망대에서는 망원경으로 비무장 지대와 북한 땅을 볼 수 있습니다. 국토 분단의 아픔을 실제로 느껴 보는 시간을 가지면 애국심을 키우는 데에 도움이 됩니다.

추천 사이트

국방부 http://www.mnd.go.kr
육군 http://www.army.mil.kr
해군 http://www.navy.mil.kr
공군 http://www.airforce.mil.kr

돌발퀴즈 정답

법의학자

23쪽_ 법의학자　　　　　27쪽_ 부검
33쪽_ ❸번　　　　　　　35쪽_ ❶번
37쪽_ ❸번
38쪽(직업 사전)_ 법의학자, 부검, 부담, 관찰력, 과학

군인

51쪽_ 군인　　　　　　　55쪽_ 작전
61쪽_ ❷번　　　　　　　63쪽_ ❶번
65쪽_ ❸번
66쪽(직업 사전)_ 군인, 작전, 자유롭게 행동, 체력, 사회

 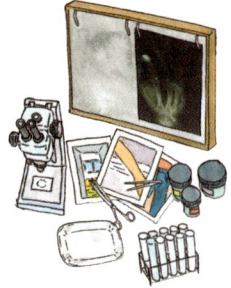

사진 자료

중앙포토 19p(증거물에서 핏자국을 찾기 위해 시약을 뿌리는 법의학자), 23p(부검을 참관하는 모습)

연합뉴스 19p(양산시에 있는 국립과학수사연구원 남부분원), 19p(화재 현장을 조사하는 법의학자), 29p(많은 사람이 죽은 삼풍백화점 붕괴 현장), 47p(수해 복구를 돕고 있는 육군 장병들), 57p(혹한기 훈련 중인 수색 대원들), 57p(전술 훈련 중인 특수 부대원)

위키백과(Sandra WatkinsKeough) 47p(아프가니스탄에서 경계를 서고 있는 대한민국 군인)

위키백과(Stay Young) 47p(산악 지대에서 훈련 중인 대한민국 군인)

위키백과(CHRISTOPHER KAUFMANN) 51p(우리 기술로 만든 K1A1 전차를 타고 훈련 중인 군인들)

플리커(The U.S. Army) 57p(유격 훈련 중인 군인)